CE QUE JE RETIENDRAI ...
D'AIME CESAIRE

Éric LAMIE

Ce que je retiendrai ...
D'Aimé Césaire

Essai

© 2018 Éric LAMIE

Edition : BoD - Books on Demand
12/14 rond-point des Champs Elysées
75000 Paris
Imprimé par BoD – Book on Demand, Norderstedt
ISBN : **978-2-3221-1909-7**
Dépôt légal : Mars 2018

L'impérialisme culturel, nous l'oublions trop souvent, est la forme la plus dangereuse du colonialisme : il obscurcit la conscience ...

Léopold Sédar Senghor

(Paroles, 1975)

AVERTISSEMENT

Ce présent ouvrage est dédié à tous ceux de mes lecteurs qui me demandent, souvent à juste titre, à quand la publication d'un nouvel ouvrage. Je dois pouvoir être en mesure de leur répondre que ceci prend un temps dont on ne mesure pas nécessairement les contours, et qui est pour une bonne part due à notre nature d'écrivain. Il faut pour cela se recadrer de façon permanente dans la trajectoire d'une littérature devenue, elle, de plus en plus exigeante.

Lorsqu'Aimé Césaire disparaissait en Martinique, il y a quelque temps, cette idée de publier un texte a connu une certaine amplification chez moi. Je considérai qu'ayant beaucoup lu ce dernier, et ayant compris une bonne partie de son œuvre notamment l'excellente portée du retentissement de son *Cahier d'un retour au pays natal*. Du coup, cela me semblait être évident, de lui rendre un certain hommage, surtout dans l'approche similaire que nous faisions de la littérature antillaise et négro-africaine. Tout ce qui me semblait essentiel, ce fut en quelque sorte de restituer l'œuvre transmis par ce dernier. Aujourd'hui, il n'est pas négligeable de dire que dans nos sociétés actuelles, nous avons beaucoup de chemin à faire pour comprendre la portée historique de ce qu'a voulu émettre l'écrivain martiniquais.

Nous ne sommes, devrais-je dire, qu'au balbutiement pour une meilleure approche de nos réalités en tant que civilisation distincte. Si l'on tente de nos jours de situer Césaire comme étant effectivement un écrivain du : XXème siècle, rien n'aurait été plus facile de le hisser au rang de Rimbaud, Mallarmé ou autres écrivains français. Mais ce qui ressortait chez ce dernier, ce furent les marques, les fondements singuliers d'appartenir à cet espace créolophone qui n'a nulle égale valeur à d'autres formes de civilisation. En conséquence, je considère que notre fonctionnement basique reste encore fortement méconnu. Puisse un jour, pleinement, nous resituer dans cet espace social afin que les autres se fassent une autre idée de nous.

L'auteur

Au milieu des années quatre-vingt, j'entrepris d'effectuer un voyage d'études en Martinique. Le but essentiel était de rencontrer le poète et écrivain martiniquais : Aimé Césaire. L'avion dans lequel je me trouvais atterrissait sur le tarmac de l'aéroport du Lamentin, et quelques instants plus tard, je me retrouvais au cœur même de la ville de Fort-de-France. A priori, la possibilité d'entrevoir une rencontre avec Césaire, vu que celui-ci pouvait être retenu au Palais Bourbon de l'Assemblée nationale française, ceci me paraissait en dernier ressort quelque chose d'improbable. Je me confortais dans l'idée que tout écrivain qui se trouvait de passage dans une région du monde se devait d'échanger des analyses, voire des appréciations sur celle par exemple de la rationalité du temps. Je me souviens de cette ancienne bâtisse, une grande habitation de style colonial peinte en blanc avec ses armures vertes qui donnait une nette signification sur ce que l'histoire avait laissé là, comme pour rappeler que c'étaient des peuples éloignés et qui possédaient une histoire originelle. Lorsque je pénétrais dans le grand hall central de cette mairie, rien n'augurait que j'arriverais à atteindre mon but. Le planton de service affichait une certaine indifférence à mon égard, ne sachant pas outre mesure les liens indubitables qui me liaient avec Aimé Césaire. Bien entendu, lorsque je dis *liens indubitables,* je voulais signifier par-là, les points de concordance que nous avons en commun sur les problématiques de la littérature négro-africaine, et plus spécifiquement celle de la littérature antillaise par son approche asymétrique. Après demande, cette visite fut acceptée comme par un heureux concours de circonstance. Il fallait y voir simplement un signe du destin. Quoi qu'il eût fait, cet échange que nous avons eu se révélait être extrêmement intéressant. Je n'oubliais pas de lui mentionner en exemple, la personnalité de l'ancien président ghanéen Kramay N'Kruma et le modèle du développement qu'il a voulu pour tout le continent africain. Malheureusement, la plupart de celui-ci reste encore dans des conditions de sous-développement. Ainsi peu de gens ou presque ne connaissait l'éminence de ma rencontre avec Césaire. Parfois même, en le leur disant, ils affichèrent une certaine désinvolture. On peut observer que les relations entre différents écrivains de l'espace créolophone demeurent inexistantes et font de nous des observateurs qui sont ignorés dans leurs propres contrées. Il est plus facile pour un Européen d'essayer de comprendre ce que vous écrivez que vos propres compatriotes. Cela est sans doute dû au fait que nous sommes des peuplements issus de l'oralité, du fait de notre formation ethnique (habitudes de mœurs et de coutumes), légués par l'Histoire. Tout compte fait, je n'avais jamais mentionné à Césaire, que pendant des années durant, j'avais eu à « éplucher » complètement son œuvre à l'université de Bordeaux-III, notamment à la Maison des sciences de l'homme chère au géographe Guy Lassère. Lorsqu'au début des années soixante-dix, je me suis attelé à l'étudier (Césaire), le contexte international n'était guère brillant. En France, nous sortions des évènements ou des émeutes des étudiants de la Sorbonne et, corrélativement en Guadeloupe, venait de se produire la crise sociale de mai 1967, ce que l'on qualifiait des évènements de mai 1967, et qui martèlent encore dans la tête des Guadeloupéens. L'histoire retiendra que ce furent des moments très graves pour notre société. Jusqu'à présent, on n'a pas su révéler la vraie genèse de ces évènements tellement ils furent disproportionnés, par exemple les massacres systématiques d'une population désarmée. Cette histoire, à mon sens, reste fortement occultée, les générations ne la connaissent pas et en l'occurrence aucun travail pédagogique n'a été fait dans ce sens-là. De la même façon, je disais plus haut que l'œuvre des écrivains de ces terres n'était pas étudiée ou insuffisamment, de la même façon que cette histoire synthétique à partir de nos réalités historiques n'était pas prise en compte. Comment peut-on penser un instant que les jeunes de France fassent un trait sur l'histoire de leur pays ? Comment peut-on penser un instant qu'ils renient ce qu'il s'est produit en 1789, la prise de la Bastille, ou encore qu'ils puissent ignorer la guerre de 1914-1918, ou celle de 1939-1945 au cours des épreuves qu'elles ont fait subir. Bien sûr que non. Et à l'évidence, ils connaissent ces moments historiques d'après leurs manuels scolaires ou universitaires, de sorte qu'ils sont en phase avec leur société. C'est pourquoi nous devons dire que la colonisation s'est révélée comme une juxtaposition d'une culture sur une autre culture. Et dans cette appréciation didactique, en remontant le cours de l'histoire, on n'en verrait pas moins que toute démarche qui consisterait à rendre le Guadeloupéen maître de lui-même, cette notion a été imposée par des « sources » qui sont extérieures aux nôtres. En écrivant son discours sur le colonialisme, ce que j'ai pu noter sur Césaire, c'est une persistance à démontrer que nous sommes différents du modèle occidental. Souvent celui-ci nous faisait remarquer que nous passions à côté de notre vie, d'autres diront à côté de nos bottes.

Séjournant donc en France durant cette période tumultueuse et étant inscrit dans un établissement agronomique de la Vienne, il ne me fallut pas beaucoup de temps pour m'apercevoir qu'il existait un fossé considérable entre les réalités antillaises et hexagonales. De prime abord, j'ai eu le sentiment que tout individu confronté à de telles situations contradictoires aurait eu, dans l'analyse, une même sorte d'interrogation. Les méthodes de culture, de plantations et d'élevage du cheptel bovin, n'avaient rien de comparables à nos méthodes ancestrales. Le simple fait d'avoir effectué ce séjour en France suffisait pour me rendre compte de la différence fondamentale qui existait entre ces deux civilisations. Aussi, le sentiment de changer de « zone », de choisir une discipline qui s'apparente à de meilleurs besoins me faisait choisir la Gironde comme nouvelle terre d'accueil. L'on attribue à cette région, depuis le XVIIIe siècle, des liens significatifs sur la nature du commerce triangulaire, celle de la traite négrière et du grand négoce. Dans le même temps, je découvrais l'œuvre d'André Breton[1] que ce dernier consacra à Césaire sous le régime de Vichy, de passage en Martinique, à la suite d'un voyage qu'il venait d'effectuer à New York. Breton ne tarda pas à faire un parallèle à ce *Cahier d'un retour au pays natal* et de penser qu'il pourrait s'agir en l'espèce d'une œuvre surréaliste. En fait, pour ces écrivains qui étaient sans doute liés à la N.R.F. (Nouvelle Revue Française), c'était une autre façon de concevoir l'écriture, celle-là même que l'on qualifiait d'écriture automatique.

---

[1] André Breton-Aimé Césaire : *Un grand poète noir* / Martinique, *charmeuse de serpents*

Si, en effet, tous les poètes du XVIIIème et XXème siècle s'exprimaient par des textes en vers ou en alexandrins, ceux de Breton, de Paul Éluard et d'autres encore donnèrent une plus libre dimension à la créativité. Césaire, me semble-t-il, s'accommodait parfaitement de cette nouvelle forme d'écriture et n'avait somme toute aucune ressemblance esthétique avec ces écrivains des siècles précédents que nous avons cités. J'ai eu le sentiment et c'est même une certitude que pour la génération de Breton, de Césaire, voir même d'Édouard Glissant, ce fut la naissance d'une certaine délivrance intellectuelle. Celle-ci ne s'accrochait à aucune forme de système métrique. L'œuvre d'Aimé Césaire lorsque l'on tente de l'aborder sérieusement reste, a-t-on dit maintes fois, très hermétique. Tout en le demeurant, elle s'imprègne et s'enracine parfaitement dans notre contexte antillais. Cette poésie si proche et si éloignée constitue la température vivante de notre espace créolophone. Il faut encore des années pour comprendre les contours de ses écrits, si fondamentaux qu'ils puissent être dans notre milieu ambiant. Si j'ai pu avoir une approche aussi réelle de son œuvre, cela est simplement dû au fait que dès que je me suis inscrit dans un établissement agronomique, j'allais rencontrer toutes les contradictions que Césaire avait déjà soulevées antérieurement. Il est bien évident que toutes les régions de France ne sont pas identiques par les multiples aspects qu'elles représentent, à plus forte raison, s'il s'agit de les comparer dans le milieu tropical antillais. Imaginons un mode de plantation où les techniques opératoires sont différentes que ce soit dans le domaine de la zoologie, de la zootechnie ou des productions végétales.

Le blé, la luzerne ou le colza qui sont adaptés au type agronomique français ou européen sont forcément en opposition avec celle de la culture de la canne à sucre, une méthode ancestrale qui a forcément forgé ces peuplements à celle de leur histoire proprement dite. Autrement, on retrouve au premier degré de notre appréciation les caractères antiscientifiques qui peuvent en découler : c'est sans doute à partir de ces notions que ceci a été posé comme une problématique dans le *Cahier d'un retour au pays natal* de l'auteur martiniquais, et dont les prochaines générations de Martiniquais et de Guadeloupéens devront s'inspirer. Sortir dans un espace géographique donné soulève les questions suivantes, que les réalités que l'on a laissées derrière soi, ne sont évidemment pas celles que l'on va retrouver. Très souvent, comme l'a indiqué Édouard Glissant, ces réalités sont celles des histoires et qui en définitive ne se rejoignent en rien, puisqu'elles sont fondamentalement contraires. Très probablement d'ailleurs, les écrivains négro-africains qui mirent en évidence l'idéologie du concept de la négritude, Césaire, Senghor et Damas entre autres ont tenté l'exercice qui consistait à dire qu'ils provenaient de trajectoires de civilisations respectives. Et Édouard Glissant d'ajouter :

Chez tout écrivain soucieux d'accorder son travail à son discours, c'est du côté de l'histoire du trop-plein ou du manque de rapport médité au vécu, dont à l'égal de tout homme d'aujourd'hui, et comme tout Martiniquais je ne puis pressentir que je suis atteint. Car l'histoire est désormais plaisir ou malheur en tant que telle. Après avoir été fable, narration ou discours, après avoir été en rapport mesure et vérification, après avoir été globalité, système et imposition d'un tout, l'histoire en tant que telle est réfléchie par des consciences collectives, revient aujourd'hui aux obscurités pleines du vécu. Au long de cette trajectoire, chaque conception de l'histoire s'accompagne d'une formation rhétorique.

ÉDOUARD GLISSANT
(*Le discours antillais*)

Il faudrait sans doute revenir sur le début de la création littéraire, et en particulier pour ce qui concerne les écrivains négro-africains, sur les travaux que ces derniers ont effectués lors de leur premier congrès tenu à Paris en 1956. Ce qu'il faut retenir, c'est que l'on assistait à l'émergence de ces premiers intellectuels africains et antillais, qui ont entamé une façon de concevoir leur imaginaire pour ne pas sombrer dans celui de l'aliénation. La question de la négritude par opposition à celle de la culture occidentale ne devrait être perçue à mon sens que comme s'il s'agissait d'une création innovante et, donc par équation à l'élévation des arts et des cultures négro-africaines. Et d'ailleurs lorsque le philosophe français Jean-Paul Sartre préfaçait *l'Anthologie de la nouvelle poésie nègre et malgache de langue française* de Léopold Sédar Senghor, c'était la preuve d'une reconnaissance historique de ce que les civilisations allèrent porter au reste de l'humanité. Ensuite, il fallait comprendre que le mouvement de la décolonisation dans le monde était naturellement en pleine effervescence, il était devenu clair pour tout un chacun que ces intellectuels agrandissaient eux aussi leur champ d'investigation dans la culture et l'histoire réelle de leurs peuples. Je me souviens au cours des années soixante-dix, de la multitude d'étudiants étrangers avides de comprendre les parutions de Césaire, notamment celle du *Discours sur le colonialisme,* et comment bien évidemment ces notions de type nouveau donnèrent lieu à des thèses de doctorat et de mémoires de toutes sortes. Les travaux de Jacques Chevrier et Lylan Kesteloot dans la compréhension des œuvres sur la littérature antillaise ont été d'une excellente contribution. Enfin, les universités américaines comme celle de Berkeley qui cherchaient à comprendre les littératures d'autres contrées du monde. C'est que durant la période d'Assimilation, instituant les colonies françaises en départements, nous entrions dans une nouvelle ère, laquelle introduisait chez la population guadeloupéenne des modèles de pensées différentes. Les intellectuels guadeloupéens réunis en séminaire au cours de l'année 1958, ne s'y étaient pas trompés en qualifiant cette démarche « d'étouffement de la personnalité ». Cette démarche-là, on pouvait l'inclure dans ce que Sartre appelait, un racisme antiraciste, c'est-à-dire que l'essor du mouvement de la négritude et toutes les conférences et débats qui ont chemin, au tour de ce thème avaient leurs raisons d'être. Toutes ces démarches qui consistaient au début du XXème siècle à contribuer un tant soit peu à l'éveil des peuples dits sous-développés et qui n'étaient que le résultat escompté en définitive par les propres fils de ces peuples colonisés. À plus d'un titre, la rencontre de Césaire, Damas et Senghor s'inscrivirent dans une sorte de démarche sémantique qui avait comme objectif premier de caractériser l'interdépendance qui existait dans la nature même de chaque civilisation. D'ailleurs, lorsque l'on évalue le parcours sur le plan politique de Césaire, on constate par rapport au poète africain, que ce fut là, un parcours inachevé à cause précisément de l'enchevêtrement qui s'opérait dans l'évolution politique des Antilles. En disant cela, on pense au caractère réducteur de la loi d'assimilation qui reste un échec économique et social pour tout le monde antillais. C'est en particulier ici que l'on s'est aperçu que la colonisation, si on la prend dans son vrai sens du terme n'a guère évolué au fil des années.

LITTERATURE ET ETHNOLOGIE

Au début du XXème siècle, on a pu assister à l'éclosion, on va même dire à une certaine excroissance sur l'existence de groupes ethniques. Ceux-ci présentaient des particularités inédites et dont on a pu mesurer, par la suite, la nature de leurs richesses incommensurables. L'interdépendance de ceux-ci devint pour une bonne part celui de la compréhension plus ou moins précise de leurs modes de civilisations. Et contrairement à ce que disait récemment un écrivain français installé à Bordeaux, faisant référence à l'œuvre de Césaire, que celles-ci constituaient pour nous une forme d'entrave. Nous voulons signifier à ce dernier, et Glissant le rappelait que, « nos histoires n'auraient pas de sens, si elles n'étaient pas faites du vécu ». Les premiers ethnologues qui ont donné lieu à une signification durable dans leurs méthodes de recherches ont contribué sans aucun doute à faire rejaillir ce que nous possédons d'essentiel comme instrument de nos civilisations. Ainsi, l'ethnologue et africaniste allemand Léo Frobenius [2] s'attachait à démontrer, lors de ses expéditions, que ces civilisations possédaient des traits incommensurables. Nous avons eu à évaluer plus récemment les éminents travaux de

---

[2] Le destin des civilisations

Lévi-Strauss qui, au cours de ses longs séjours au Brésil, dénombrait là aussi par ses travaux, l'extraordinaire existence, du fait de leurs origines, des Aztèques et des Incas, comme pour démontrer qu'il n'existait pas une ce1iaine uniformisation de la culture, celle de l'Occident. Tandis que la démarche de l'ère coloniale s'employait à défigurer l'homme « ancestral », les ethnologues eux avaient le mérite d'introduire « cet être sauvage » dans une réalité contemporaine. Il me paraît significatif de dire aujourd'hui, que la réflexion de Césaire et de Senghor a pris comme principe de base cette réalité ethnologique qui prévalait chez les différents peuples négro-africains ou plus exactement la particularité de leur évolution dans le temps. Nous avons eu à mentionner que dans la nature même du commerce triangulaire, on pouvait percevoir cette idée : que ces différentes formes de groupes ethniques ont été « bousculées » par leurs histoires respectives.

Dans ses essais sur l'homme colonisé, Albert Memmi[3] nous faisait remarquer que le retard économique et structurel était bien souvent lié au fait que cet être en question était *ipso facto,* un produit fabriqué d'un système d'organisation qui lui était totalement étranger. Aujourd'hui, il nous semble juste de dire que le résultat que nous avons pu constater, c'est cette façon de penser comme lui, de s'habiller et d'avoir des habitudes

---

[3] *Portrait du colonisé - L'homme dominé* (Albert Memmi, écrivain et essayiste tunisien

similaires au sien, si l'on se penche sur la réalité guadeloupéenne, que ces phénomènes ont été ingurgités sans se rendre à l'évidence et qu'ils avaient, sur le plan sociologique, des effets néfastes. Nous avons donc eu la chance, tout au moins ceux qui ont pu observer la démarche de Frantz Fanon, dans l'analyse qu'il faisait en psychiatrie à partir du cas algérien (Hôpital de Blida-Joinville) que d'une façon générale l'homme colonisé présentait des troubles caractéristiques liés à son comportement par le fait même que l'évolution de ses origines, se prêtait à des facteurs pas totalement élucidés qui remettait en cause l'antagonisme entre, comme disait Memmi, les rapports entre dominants et dominés. Il faut savoir que beaucoup de patients de Fanon étaient victimes de troubles comportementaux, par exemple que ces sujets issus de la religion musulmane se sont retrouvés devant le fait qu'ils devaient adopter la religion exportée à partir du monde occidental. Ainsi, en définitive, que dans un cas comme dans l'autre, apparaissaient des situations discordantes. Chaque fois donc, l'analyse que nous nous faisions à partir de l'histoire originelle des peuplements reposait presque toujours sur une question ethnique. La littérature se mesure par conséquent à mon sens à celle de l'ethnologie, elle-même étant le reflet de nos formes de vies. Par exemple, et avec le recul du temps, ce caractère d'antériorité nous est propre, les évènements de mai 1967 s'inscrivent dans une certaine courbe évolutive qui est liée à l'histoire contemporaine de la Guadeloupe. Ces évènements-là ont été, dès le départ, une forme de « gestation ethno-centrique ». Il apparaissait aux premières heures de celles-ci que le modèle guadeloupéen commençait à se chercher, au même titre que ces peuples issus de la conférence afro-asiatique du 18-24 avril 1955 à Bandung, cette conférence qui marquait l'émergence internationale du tiers-monde et préluda au non-alignement. Nous ne sommes qu'au balbutiement dans l'analyse de ces données. Notre société continue d'évoluer comme si l'on pouvait se passer de ce qui s'était produit précédemment. Au contraire, on devrait dire que notre évolution se situe dans un style sociologique au stade proprement dit de notre histoire. Autrement dit, nous n'avons pas encore cerné distinctement ces évènements et leurs implications dans la société guadeloupéenne actuelle. Nous pouvons considérer de nos jours que la littérature et l'ethnologie vont de pair et ont par conséquent souvent évoluées en fonction bien évidemment d'espaces géographiques neutres. L'exemple du séjour, de manière durable, aux confins de ces groupes ethniques de Claude Lévi-Strauss, du fait même de la complexité de ceux-ci, constituait une nouvelle richesse dans les domaines de l'apport scientifique. De la même façon, nous pouvons avancer l'idée qu'en matière économique, ce qui peut apparaître fondamental, ce sont les richesses d'ordre énergétique jusque-là insoupçonnées.

Au début des années soixante-dix, lors de la conférence des pays exportateurs du pétrole (O.P.E.P.), conduite par Zaki Yamani, alors ministre saoudien du pétrole, personne ne pressentait qu'une crise économique durable allait se produire. Les modifications économiques, tant en Europe que dans les pays dits « émergeants » ont eu des conséquences malheureuses sur notre propre modèle de développement. On se rend bien compte que l'économie mondiale a changé de structure à partir du moment où les peuples colonisés ont possédé un regard plus rationnel dans leurs évolutions respectives. Les conséquences des relations entre États se sont fait lourdement sentir à l'issue de ces épreuves. Et, à ce propos, on a sans doute eu tort de considérer à l'heure actuelle que la capacité de développement d'un pays, d'une région, se résumait à l'étroitesse de son territoire. Or, aux Antilles, nous devons l'admettre, la loi d'assimilation qui prétendait être un recours au sous-développement n'est devenue au fil du temps qu'une simple réalité de dépendance totale avec le monde extérieur. L'industrie sucrière qui constituait le fer de lance de la Martinique et de la Guadeloupe n'a jamais pu faire l'objet d'une sérieuse recherche scientifique. Au cours des années quatre-vingt, lorsque le gouvernement socialiste de Pierre Mauroy préconisait un plan pour sauver l'industrie sucrière sans consulter les Guadeloupéens, les premiers concernés, ce plan en définitive s'est révélé être un échec lamentable. D'une vingtaine d'unités industrielles durant la période qui précédait le 19 mars 1946, nous en étions arrivés à l'existence de trois ou quatre de ces unités. C'était la volonté affichée de laminer ce secteur parfaitement rentable, et qui de manière sociologique garantissait l'ouvrier guadeloupéen d'un gagne-pain. En définitive, et à mon sens, c'est une question qui ressort d'un ordre politique nouveau. Pour résoudre la question de l'industrie sucrière, pas simplement celle-ci, mais prioritairement on dira, il faut revenir sur les fondements qui constituent notre société. Rien ne se fera à partir des ministères parisiens, si un système politique étatique guadeloupéen n'était pas consulté. La crise que traverse l'Europe, nous dit-on, perdure et remet en cause un certain nombre de notions, notamment liées aux relations entre pays européens... Si nous sommes « liés viscéralement » à l'Europe, il va sans dire que nous subirons sans le savoir, les mêmes effets contrastés d'une fausse crise économique. Dans nos relations avec les pays de la Caraïbe, il me semble urgent de relever le « voile » diplomatique que l'on a institué avec le truchement du modèle colonial au début du XXème siècle, pour ensuite revenir à des relations plus saines et plus responsables. À vrai dire, ce sont les relations que le colonisateur a élaborées depuis la nuit des temps, et qui se perpétuent tant bien que mal de nos jours, sans se rendre compte a posteriori que nous pouvons avoir de nouvelles relations économiques basées sur de nouveaux concepts. L'ethnologue allemand Léo Frobénius, que nous avons déjà cité, était clair là-dessus, à la suite de ses séjours qu'il avait effectués en Afrique noire et dont il ressortait l'analyse suivante (je cite) : « *que le colonisateur avait une attitude qui relevait du passé* » et qu'au contraire, il s'agissait de parvenir dans ces pays sous-développés à un développement autocentré. J'ai voulu introduire cette notion d'ethnologie dans une réalité sociologique qui nous est propre ; autrement dit de notre stade de sous-développement, nous pouvons parvenir à d'autres types de développement autocentrés. Plus scientifiquement, je dirai que nul ne peut se faire une idée exacte de l'extraordinaire possibilité d'accroissement de cette industrie sucrière. On a tout simplement déplacé « les pions » en faisant de cette économie un des secteurs hypertrophiés en remplacement des produits d'importations, au détriment de notre balance commerciale, si tant est qu'elle existait un jour véritablement. Notre perception de cette notion ethnologique s'est accrue lorsque la société guadeloupéenne se développait, se confortait à elle-même. Tellement que cet enjeu était devenu une préoccupation majeure (celle de la démographie galopante) la proposition du gouvernement français se révélait être simpliste et expéditive : « celle de vider la Guadeloupe de ses forces vives ». Cette nouvelle traite, faite de façon insidieuse, sans prendre en compte l'enjeu considérable que présentaient les perspectives sociales de la nouvelle société guadeloupéenne. Dans « les milieux autorisés » et pour se faire une idée du basculement que constituaient les traces d'une société préalablement formée, on nous assurait qu'il n'y avait pas de travail pour les jeunes Guadeloupéens, et que coûte que coûte, il fallait partir. Si on voulait admettre ce principe peu onéreux, il faudrait qu'ils nous disent que tous ceux et celles qui ont l'ambition de retourner un jour au pays, pourront le faire mais dans quelles conditions et le feront-ils ? Lorsque survinrent les émeutes de mai 1967, dans l'évaluation de son contexte sociologique, il nous semble devoir admettre une fois pour toutes que ce dont il était question, ce fut l'exaspération précisément de cette jeunesse guadeloupéenne, celle des ouvriers et des paysans face à ces enjeux sociaux. Non seulement certaines activités, singulièrement dans le bâtiment étaient sous-payées ; c'est d'ailleurs à l'issue de la rencontre faite avec Brizard que ces évènements prirent une tournure, sinon historique, du moins proprement significative, puisqu'ils allèrent remettre en question, tout un organigramme de la société guadeloupéenne. Lorsque l'on observe la Guadeloupe d'aujourd'hui, on peut, sans risque de se tromper, dire que la colonisation a réussi son « coup ». La jeunesse guadeloupéenne s'étant expatriée et continue de l'être, tandis qu'à l'opposé, on s'aperçoit que de plus en plus les autochtones occupent la quasi-totalité des leviers de l'économie, occupent les grands postes décisionnels et que nous nous retrouvons dans les mêmes situations qu'en 1946. L'industrie sucrière dont on peut vanter les mérites a été remplacée par les économies de « services ». Peut-on admettre raisonnablement qu'un pays, n'importe lequel soit-il, puisse se réduire à des services ? Au contraire, j'avancerai l'idée, comme le disait le sociologue Harry Broussillon, venu faire une conférence à la mairie de Sainte-Anne, je cite « La Guadeloupe est un pays neuf » Nous pouvons donc être assurés que l'industrie sucrière à elle seule constitue un atout industriel non négligeable, si l'on s'accorde à dire qu'elle peut présenter des choix scientifiques de type nouveau à l'instar de la Réunion, ou du Brésil. C'est en outre le cas à l'heure actuelle des recherches fondamentales sur la pharmacopée, initiée par le docteur Henri Joseph à partir des travaux qu'il réalise sur l'existence des plantes médicinales à partir de notre environnement bien sûr, et surtout de leurs applications en matière de posologie. Que faut-il donc admettre, de cette notion comparative sinon de notre approche à partir de notre réalité, qui ne peut résulter dans d'autres situations géographiques. De la même façon, nous pensons que nous pouvons être aussi performants que les industries sucrières du Brésil ou de la Réunion, de la même façon nous pouvons aussi dire que nous pouvons être aussi performants dans les domaines de la pharmacopée. Comme on le voit, la question de la recherche scientifique peut aborder plusieurs questions. Lorsque j'ai invoqué précédemment les données multiples qui pouvaient exister en matière d'agronomie, et de zootechnie, j'ai voulu ardemment insister sur le fait et cela me paraissait évident que celles-ci ne pouvaient être semblables. Dans la question concernant les bovidés et les caractéristiques des vaches laitières pour ce qui concerne la France, le cheptel (F.F.P.N. : Française Frisonne Pie Noire) qui constitue une race bien à part, ne pourrait être confondu à la singularité et aux caractéristiques qui sont liées en milieu tropical ; c'est tout cela qu'avait émis Aimé Césaire dans son *Cahier d'un retour au pays natal.* J'allais dire par là, l'exploration de son milieu naturel et historique. Je me souviens à cet égard d'une thèse de doctorat, élaboré par Gilbert Numa, et dans laquelle il présentait ce travail de recherche sur « *Les chances de prospérité de l'agriculture guadeloupéenne.* » Il admettait le principe suivant que c'était une activité qui pourrait connaître un développement sans précédent. Autant donc, on l'a vu ces dernières années que cette activité-là périclitant, c'est-à-dire qu'il n'y avait pas en l'espèce un vrai programme de développement et d'industrialisation, la thèse de Numa n'a pas été prise en compte, en laissant se profiler une vraie débâcle dans ce secteur. En fin de compte, vers qui devons-nous nous retourner ? Et lorsque l'on s'attarde à porter un regard objectif qui s'en est suivi depuis 1946, c'est au contraire une actualisation de notre dépendance à cette nouvelle forme d'économie hypertrophiée. À mon sens, cela constitue un enjeu considérable dès lors que nous partons du principe qu'il existe des secteurs économiques qui peuvent se développer en fonction même de l'histoire d'une civilisation donnée. Voici ce que disait Claude Lévi-Strauss à propos de ce que nous venons de décrire.

Mais quelle serait notre position, en face d'une civilisation qui serait attachée à développer ses propres valeurs, dont aucune ne serait susceptible d'intéresser la civilisation de l'observateur ? Celui-ci ne serait-il pas porté à qualifier cette civilisation de stationnaire. En d'autres termes, la destruction entre deux formes (cumulative et stationnaire) dépend-elle de la nature intrinsèque des cultures, auxquelles on applique, ou ne résultent-elles pas de la perspective ethnocentrique dans laquelle nous nous plaçons, toujours pour évaluer une culture différente ? Nous considérons comme cumulative toute culture qui se développerait dans un sens analogue aux nôtres, c'est-à-dire dont le développement serait doté de signification. Tandis que les autres cultures nous paraîtraient comme stationnaires non pas nécessairement comme elles le sont parce que leur ligne de développement ne signifie rien pour nous, n'est pas mesurable dans les termes de système de référence que nous utilisons. La civilisation occidentale s'est entièrement tournée depuis deux ou trois siècles vers la mise à la disposition de l'homme des moyens mécaniques de plus en plus puissants. Si l'on adopte ce critère, on fera de la quantité d'énergie disponible par tête d'habitant, l'expression de plus ou moins degré de développement des sociétés humaines. La civilisation occidentale sous la forme nord-américaine occupera la place de tête des sociétés européennes venant ensuite avec à la traîne, une masse des sociétés asiatiques et africaines qui deviendront vite indistinctes. Or ces centaines ou même ces milliers de sociétés qu'on appelle insuffisamment développées et « primitives » qui se fondent dans un ensemble confus quand on les envisage sous le rapport que nous venons de citer (et qui n'est guère propre à les qualifier puisque cette ligne de développement leur manque ou occupe chez elles une place très secondaire), elle les place aux antipodes les unes des autres selon le point de vue choisi, et aboutira donc à des classements différents.

Claude Lévi-Strauss
(Race et histoire)

Ce que tenait à nous démontrer Lévi-Strauss dans cette citation, c'est non moins le caractère inespéré de la connaissance effective des divers peuplements qui englobent notre planète.

Cela a débouché, me semble-t-il, sur ce que l'on a appelé par un certain paradoxe la nature même du colonialisme et a été l'un des enjeux destructeurs tout au long du XXème siècle. Or, les ethnologies comme les anthropologies ont eu à porter ici et là des contributions scientifiques sur la richesse de ces peuples que l'on disait « primitifs » et sous-développés. Ce dont maintenant on peut s'enorgueillir, c'est le mode de vie précis et jusque-là extrêmement méconnu des Aztèques, des Cybonés, des Arawaks et des Caraïbes. L'essentiel de ce que l'on a appelé le commerce triangulaire, s'était doté comme principe défini, de renier systématiquement l'existence de ces peuples ou de ces groupes ethniques en tant qu'éléments distincts. Nous avons pu évaluer ces exemples particulièrement, lorsqu'il y a une quarantaine d'années, l'ethnologue français Michel Leiris[4], a pu noter les particularités ethniques des sociétés antillaises. De nos jours, à partir des années soixante-dix, il est incontestable de dire que le mouvement ouvrier, celui de la contribution des intellectuels guadeloupéens ont fait considérablement avancer les notions historiques et

---

[4] *Contacts de civilisation en Martinique et en Guadeloupe*

sociales. Ici encore, on retrouve à des degrés divers les mêmes interrogations de Michel Leiris, par rapport à celles de Claude Lévi-Strauss. Dans le domaine de l'observation, qui reste de notre point de vue ceux et celles qui étudient l'évolution de la société guadeloupéenne, les écrivains contribuent à l'élévation de leur société. Par exemple, comme je viens de l'indiquer dans le cas de Gilbert Numa, celui-ci, en publiant cette thèse, avait l'intime conviction au cours des années soixante-dix, qu'il s'agissait d'un vrai domaine de perception pour la rentabilité et le développement de l'économie sucrière. Là où le bât blesse, c'est que ces travaux n'ont jamais été pris en compte par les organismes concernés, la question de l'industrie sucrière étant mise au second plan des questions d'ordre scientifique qui touchent l'agriculture guadeloupéenne.

SECONDE PARTIE

Une approche explicative d'un texte d'Aimé Césaire

GRAND SANG SANS MERCI

Lorsque je me suis mis, il y a quelques années de cela, à étudier et tenter de comprendre la poésie de Césaire, l'un des textes que je considérais alors comme fondamental était celu de *Grand Sang Sans Merci*. La plupart de ces textes, publiés par les éditions Seghers restaient à mon avis d'une importance considérable, de même fallait-il ajouter à cela une forme de densité poétique. Lylyan Kesteloot, à laquelle j'ai fait mention au début de cet ouvrage, était déjà fortement imprégnée par la vision littéraire de Césaire, cette dernière publiant même une anthologie de la littérature négro-africaine. Ce qui peut faire défaut, dans la démarche des biographes occidentaux qui ont certes produit énormément, c'est cette sociologie qui peut échapper, compte tenu de la configuration de ces terres antillaises et qui est somme toute liée à l'histoire. Autrement dit, surtout pour ce qui nous concerne, nous Martiniquais ou Guadeloupéens, nous n'avons pas encore la possibilité collective de nous approprier l'œuvre de cet écrivain. Le plus souvent, nous lisons ce que les Européens veulent bien nous expliquer sur la nature d'un monde qui fait notre quotidien. Et récemment encore, j'ai pu faire la démonstration avec un de mes lecteurs potentiels qui s'exclamait du fait que l'on avait trop écrit sur Césaire. Aussi étais-je obligé de lui répondre qu'en tant qu'écrivain guadeloupéen je me devais de posséder une autre perception de l'essayiste ou de l'écrivain du monde occidental. Il faut comme je le disais, revenir aux fondamentaux, revenir à cet espace-temps comme le disait Glissant, revenir à notre histoire pédagogique et scientifique. Ce qui signifie que l'acte poétique est régi en fonction de situations données, ou encore par celle de notre observation objective dans le milieu ambiant dans lequel nous nous trouvons. Très souvent aussi, le poète possède la capacité de multiplier « ces modes d'investigations » (la géographie, les caractéristiques de la végétation, le comportement des humains, comme celui des végétaux). Sonny Rupaire[5], au travers de son œuvre capitale *Cette igname brisée qu'est ma terre natale*, décrivait le sens du pays et ceci d'une manière ludique et pédagogique. Or, dans le cursus scolaire en Guadeloupe, j'étais très étonné de constater l'absence d'une littérature liée à notre situation objective. La quasi-totalité des textes étudiés à partir du lycée jusqu'à la terminale provenait souvent d'écrivains français. Le lycéen ou l'étudiant n'arrivait pas à entrer en phase avec son milieu ambiant. Ce sont ces formes de « vies », qui ont donné lieu à ce que l'on a appelé de nos jours et de manière très scientifique, les réalités ethnocentriques de ces groupes humains. Par exemple, on ne peut tenter de comparer la poésie arabe et la poésie européenne. De même, dans cet ordre d'idées on ne peut comparer, la production littéraire d'un écrivain égyptien et d'un écrivain palestinien, tout en sachant que géographiquement, ils ne sont pas si loin l'un de l'autre. L'écrivain palestinien aura certainement pour atout majeur, d'insuffler les douleurs de la question palestinienne. Ce que

---

[5] Poète guadeloupéen

nous disait à cet égard Édouard Glissant à propos de sa version du tout monde, trouve ici toute sa signification. Pour illustrer mon propos, je voudrais mettre en exergue ce texte intitulé *Grand Sang Sans Merci,* en essayant de le rendre le plus accessible possible.

Nous allons surtout, pour les lecteurs moins avertis, nous pénétrer de la réalité de ce texte, paru dans les années soixante-dix. Ce qui peut surprendre a priori, ce sont les caractéristiques du style de l'écrivain martiniquais. On constate alors qu'il n'existe aucune ponctuation, telle que le voudrait le classicisme français. Au contraire, Césaire utilise, comme nous l'avons indiqué au début de cet essai, les moyens de l'écriture automatique. Le surréalisme d'André Breton et de Paul Éluard a sans doute servi à contredire celle d'une écriture imposée. Subsiste donc, l'imaginaire du poète qui est sans égal à travers le regard qu'il porte sur sa société, en l'occurrence les sociétés antillaises, et singulièrement donc, la société martiniquaise. Ce style, cette musicalité faite de saccades de mots, se trouvent rythmés par divers « ingrédients » : ceux des chants fredonnés dans les plantations de coton d'Alabama, qui n'étaient pas ignorés de Césaire, ceux de l'approche du tambour faisant partie de l'essence du folklore de la Martinique.

Comme je l'ai fait constater tout à l'heure, il s'agissait de biographes comme Lylyan Kesteloot n'ayant aucune animosité à son égard, mais je voudrais préciser qu'en l'espèce, pour comprendre ce que projette la poésie antillaise, il faut y avoir vécu presque tout le temps. Ces espaces sociologiques ont connu dans leur histoire des moments glorieux ou des moments lorsqu'ils étaient moindres. Et, nous verrons que le texte que nous allons étudier comporte des douleurs obsessionnelles. J'ai personnellement choisi de présenter aux lecteurs *Grand Sang Sans Merci,* texte qui m'a semblé unir la réflexion du poète dans l'évolution et l'histoire sociale de la Martinique.

Césaire naît à Basse-Pointe, c'est-à-dire à proximité de la côte atlantique. En cherchant à décrypter ce lieu, on essayera d'y retenir le fait que cet espace marin auquel l'auteur était confronté depuis son enfance était celui du résultat de l'Histoire. En particulier, des phénomènes de survivants hérités de la traite négrière et du commerce triangulaire. On doit comprendre que c'est toujours dans le chaos de la colonisation que Césaire a initié son œuvre. Dans le texte poétique qui va suivre, afin d'aider le lecteur à pénétrer dans celui-ci, je m'emploierai à simplifier le plus possible et à « casser » enfin les barrières que l'on a rencontrées depuis une bonne décennie.

GRAND SANG SANS MERCI[6]

Du fond de pays de silence
D'os calcinés de sarments brûlés d'orage
De cris retenus
Et gardés au museau
D'un pays de désirs irrités d'une inquiétude de branches
De naufrages à même (le sable très noir ayant été gavé de silence étrange)
A la recherche de pas de pieds nus et d'oiseaux marins
Du fond de pays de soif
Où s'agripper est vain à un profil absurde de mât totem
Et de tambours
D'un pays sauvagement obturé à tous les bouts
D'un pays de cavale rouge qui galope le long désespéré
Des lés de la mer et du lasso des courants les plus perfides
Défaite Défaite désert grand
Où plus sévère que le Kamsin[7] d'Égypte siffle le vent d'Asshume[8]
De quelle taiseuse douleur choisir d'être le tambour
Et de qui chevauché
De quel talon vainqueur
Vers les bayous étranges
Gémir se tordre
Crier jusqu'à une nuit hagarde à faire tomber

---

[6] Texte tiré de : Kesteloot (L.), *Aimé Césaire,* Poètes d'aujourd'hui, Seghers.
[7] Vient de l'arabe KHASIN et signifie cinquante vents du désert
[8] Petite localité de l'est de l'Arabie

La vigilance armée
Qu'installa en pleine nuit de nous-mêmes
L'impureté insidieuse du vent.

Dans un premier temps, ce qu'il m'est venu à l'esprit, ce pays de silence, d'os calcinés, de sarments brûlés et de cris retenus nous donne une indication précise du lieu dans lequel on peut se trouver. Il n'y a donc pas lieu de se tromper sur cet espace géographique que celui de la Montagne Pelée en Martinique qui a subi un cataclysme sans précédent au début du XXème siècle. Ici, comme on peut d'ores et déjà l'admettre, la fonction poétique nous ramène à réinventer le temps, sans doute au même degré qu'un historien. Les os calcinés, les sarments brûlés, sont une indication précise qui ne peut nous faire défaut. Nous allons diviser ce texte en trois parties :

- L'une qui va consister à comprendre ce syndrome historique, perçu par le poète, c'est-à-dire celle de la période antérieure avant l'éruption de la Montagne Pelée. Il me semble qu'après l'explosion de ce volcan, on peut percevoir chez le futur écrivain, cette notion de rupture avec le temps. Pour Césaire vraisemblablement, les esclaves nouvellement débarqués des côtes d'Assinie et de Gorée (Sénégal) étaient livrés à eux-mêmes, et allèrent constituer un tant soit peu une nouvelle population martiniquaise.

- L'autre appréciation consiste à dire qu'à travers la réalité effective de ce pays Martinique, il fallait selon bien évidemment ce que je perçois, tout reconstruire. Sans doute aussi, Césaire percevait-il que la situation coloniale était devenue elle, insoutenable.
- *Où s'agripper est vain à un profil absurde* (cité dans le texte). Nous précisons que cette alchimie poétique nous oblige à revisiter le temps, bien qu'elle soit ancienne, mais que les stigmates du XVIII, XIX et XXème siècles restèrent bien vivants ; c'est à mon sens l'un des textes les plus importants de Césaire qui restitue le Martiniquais avec son temps. Le temps social, comme le dirait Édouard Glissant. Ce qui est mis en relief dans *Grand Sang Sans Merci,* c'est cette équation scabreuse du commerce triangulaire, et de la vente des esclaves à partir des ports de Bordeaux et de Nantes. Nous comprenons donc bien, que l'en- semble de ces éléments précités à cette histoire coloniale sont là pour nous porter de nouvelles approches et de nouvelles interrogations. Il m'est arrivé au cours de mon séjour bordelais de rendre visite à la place de la Bourse, et de me rendre compte d'un certain nombre de choses. Ce que le visiteur est amené à observer, ce sont les sommes colossales d'archives résultant des moments de l'histoire des terres antillaises.

La compréhension du texte que je présente, son « décryptage », dans l'espace et le temps peut être difficile d'approche.

Et de surcroît, il l'est. Pour nous introduire dans le chemin de la lisibilité, il faut, n'est-ce pas, « une descente aux enfers ». Il me semble que Césaire a dû introduire sa vision de ce qu'il percevait préalablement de la traite négrière, à partir de l'île de Gorée au Sénégal, des côtes d'Assinie pour aborder enfin celle du pays Martinique avec ce regard d'ensemble. Ce qui semble revenir au premier plan, lorsque l'on aborde ce texte, c'est précisément le chaos dans lequel était voué cet espace géographique. La période esclavagiste pouvant donner lieu à une indication précise sur ce que fut la traite négrière d'une part, et d'autre part, le contexte dans lequel les premiers débarqués furent livrés sur les plantations en ne possédant strictement rien.

◊ Ce *pays de silence*
◊ *D'une inquiétude de branches* (cité dans le texte poétique), *le sable très noir ayant été gavé de silence étrange.*

N'étions-nous pas là en situation inconnue ? Comment donc répondre à cette interrogation, lorsque l'on sait que la catastrophe de l'éruption de la ville de Saint-Pierre se produisait en 1902. Or, durant cette période, la population martiniquaise aussi bien que celle de la Guadeloupe était déjà formée à un style colonial. Autrement dit, il s'agissait là pour le poète martiniquais d'une quête intérieure. Comme s'il pouvait s'agir par exemple d'une sorte de « malédiction » et que l'on retrouve d'ailleurs dès les premières phrases de ce texte poétique [9] après les épreuves de naufrage (essentiellement vécus sur les bateaux négriers). Ensuite, il y a la similitude que l'on pouvait se faire à travers ces deux étapes historiques :

- Celui de se retrouver *des pas de pieds nus* (allusion faite aux situations intérieures issues de la traite négrière).
- Ou plusieurs mots contenus dans certaines phrases nous inter- pellant par exemple sur ce *profil absurde de mât totem et de tambour* qui révélerait certainement un mysticisme africain.

Donc à mon sens, dans la démarche du poète, coexistait le fait de manière indéniable que l'histoire de l'Afrique était certainement presque similaire à celle des sociétés antillaises.

Toute la ligne de la démarcation qui figure depuis la publication de ces textes jusqu'à la présentation du discours sur le colonialisme, intervient dans une certaine rationalité dans la pensée de l'auteur. Durant cette période qui va caractériser cette vision poétique de Césaire, apparaissait la finalité

---

[9] Grand Sang Merci

de cette réalité coloniale. L'une des entreprises significatives de ce dernier était de publier : « son discours sur le colonialisme » que bien des générations d'Africains et d'Antillais ont su apprécier.

Il faut comprendre que le fait de « parquer » ces esclaves, non loin de l'habitation des maîtres, de leur organisation proprement dite, était devenu ou alors vécu comme un psychodrame métaphysique. Ce qui nous permet d'avancer encore l'idée que la plupart des soulèvements de ces derniers (les esclaves) étaient de nature à reconsidérer leur espace socio-historique. Ainsi Léopold Sédar Senghor [10], au cours d'une parution littéraire, s'exclamait à propos d'ethnologues comme Delafosse et de Léo Frobenius (africaniste) que : « *Ceux-ci furent nos maîtres qui nous sauvèrent du désespoir, en nous révélant nos propres richesses.* »

La traduction de *Grand Sang sans merci* ne pourrait être expliquée que par Césaire lui-même vu le contexte que nous avons imaginé pour l'époque. Ces situations antérieures aux Antilles ne pouvaient être détachées. D'ailleurs, presque tous les ethnologues qui se sont penchés sur la question, je pense singulièrement à Michel Leiris,

---

[10] Années ardentes

ont compris le caractère non fondé de la colonisation.

Finalement, au fil du temps, on comprendra que les révoltes survenues sur les plantations d'esclavagistes, eurent lieu lorsque les esclaves avaient décidé de les entreprendre.

D'où cette conclusion du texte :

- *Gémir, se tordre*
- *Crier jusqu'à une nuit hagarde*
- *À faire tomber la vigilance armée*
- *Qu'installa en pleine nuit denous-mêmes*
- *L'impureté insidieuse du vent.*

Généralement et historiquement, les révoltes d'esclaves se produisirent la nuit. Ceux-ci avaient sans doute un caractère de marronnage, de même pouvait-on dire que ceux-ci étaient plus à l'aise pour opérer dans l'obscurité. Les révoltes prirent des caractères multiformes, ce que les esclavagistes redoutaient énormément puisque la destruction des champs de canne à sucre, d'indigo, de cacao, etc. pouvaient subir d'innombrables pertes. Lorsque Césaire avait écrit ce texte, il ne fait aucun doute qu'il se plaçait comme celui du nègre des plantations. Même s'il s'agit ici de l'importance que l'on peut accorder à tout poète de mettre en avant les « grands signaux de l'histoire » replacés dans le contexte et la particularité des histoires négro-africaines. C'est pourquoi je disais qu'il était impossible, même pour quelqu'un de l'extérieur comme la traductrice bruxelloise Lylyan Kestelloot, de comprendre l'œuvre d'Aimé Césaire. Il s'agissait de bien cerner antérieurement ce qui s'était produit avant, de ce qu'il était advenu ensuite, et enfin le pressentiment qu'un jour les choses évolueraient.

L'origine de la publication de ce texte paru vers les années soixante-dix, période de la maturité du poète, disait-on aux éditions Seghers, possédait de multiples réflexions. Ce furent naturellement les sociétés antillaises dont il était question, leur survivance d'après l'entre-deux-guerres et surtout l'incertitude du modèle politique qu'il leur fallait choisir. Or, bien des évènements secouèrent les colonies devenues département en 1946. Dans l'histoire sociale de la Guadeloupe, il fallait nous rappeler les grandes grèves dans le secteur sucrier (1910) et ensuite quelques années plus tard, dans ce même secteur d'activité, du 14 février 1952 dans la ville du Moule, et pour canaliser le tout, les évènements déjà cités de mai 1967. Nous sommes donc en présence de phénomènes cycliques, se répétant à des hauts moments de l'histoire et ou à chaque fois, l'on a eu en face de soi, la machine huilée par le système colonial comme le disait

Glissant en l'espèce, l'écrivain ne doit en aucun cas, se détacher de son temps autrement dit, le temps et l'histoire chez ce dernier doit représenter une fenêtre sur laquelle, rien ne pourra être caché.

Nous sommes en 1967, et les évènements que j'ai vécus, même de manière sporadique, étant trop jeune pour y être pleinement dedans. Cependant, il n'empêche que l'instinct poétique et les prémices en quelque sorte se faisaient déjà sentir. Je m'étais fait à l'idée dès l'époque, que la mémoire d'un écrivain ne saurait être défaillante, et qu'au contraire, à travers le temps, il devait retranscrire cette responsabilité qui est la sienne.

Il m'a fallu une trentaine d'années comme celle de cette maturité que je viens d'évoquer pour Césaire, pour comprendre que l'imaginaire d'un écrivain demeure quelque chose d'immuable.

J'ai voulu à partir de ces évènements qui ont tant marqué mon attention affirmer de nos jours, qu'il y avait des liens de causalité avec la société guadeloupéenne. Nous étions en pleine période de décolonisation, la conférence de Bandung n'était pas si loin de nous, et la quasi-totalité des pays africains étaient devenus indépendants. Il s'agissait de le rappeler pour cette époque et de ce point de vue, les historiens de demain auront à faire des similitudes avec les vraies raisons qui conduisirent de Gaulle à accepter l'indépendance algérienne et de ne pas comprendre lors de son voyage aux Antilles, les soulèvements populaires du 26 mai 1967. Mon interprétation de ces évènements peut se justifier, à mon sens comme étant la rupture avec ce temps social. Et plus les années passèrent, plus comme le disait l'universitaire Julien Merion en inaugurant, il y a très peu d'années de cela, la gigantesque fresque située à la darse de Pointe-à-Pitre, ce fut là, ce jour-là (26 mai 1967), un choc émotionnel que nous n'avons pas pu remettre en place. On a l'impression, comme nous disait Albert Memmi, dans son portrait du colonisé et de cette observation de Julien Merion, que sur le plan du développement de notre civilisation, nous n'avons pas tellement avancé.

À partir du moment où la presque totalité de notre survivance économique dépend de l'extérieur, il ne peut être évident que nous sommes attachés « pieds et poings liés » à ces facteurs, et que nous supportons comme un fardeau. La notion de détérioration des termes de l'échange prend ici, tout son sens.

Comment pouvons-nous concevoir une autre dynamique politique et industrielle, si nous ne sortons pas de ce cadre, qui est tout simplement, n'ayons pas peur de le dire, celui de l'agenouillement. Et, fondamentalement, ce qui m'avait plu chez Césaire, c'était de rendre le *Discours sur le colonialisme* plus accessible, et dans un second temps revenir à la vraie réalité de cette notion du *Cahier d'un retour au pays natal.* Toute la démarche du monde occidental, depuis le XIème siècle, a consisté à inférioriser l'homme colonisé au fil des temps, en prenant bien soin de détruire son économie de production, comme c'est le cas aujourd'hui en Guadeloupe. Nous n'avons jamais pu nous comparer d'égal à égal et en fin de compte, on ne nous a jamais demandé de faire un vrai état des lieux de nos potentialités, tant scientifiques que techniques, ou encore, l'étendue de nos richesses artistiques. Voici ce que j'entendais avec la notion de rupture avec le temps social. Et de surcroît, nous pouvons haranguer plus d'un pour leur demander nos vraies capacités et nos vraies limites dans différents domaines. C'est qu'au fond, c'est vrai, une cinquantaine d'années se sont écoulées depuis 67. Le développement de la personnalité guadeloupéenne s'est enrichi, s'est exprimé dans divers domaines, mais nous devons nous prouver avec une certaine insistance que nous pouvons aller encore plus haut.

Voici ce que le texte poétique m'inspira ce 26 mai 67 à la place de la Victoire de Pointe-à-Pitre.

SEMENCES DES SANGS

Feux feux

Feux exsangues

Dans la rougeur du midi

Feux écarlates

À même la fertilité du sol

Insondables feux de silex inemployés

Par la force de nos âges

Feux criards

Froidement asséchés

Sur ces places somnolentes

Feux tremblants

Aussi rapides

Que la fragilité

De leurs mains

Dérangea cet instant

Impromptu

Ou l'homme naissant

Cria

Mai 1967

En fait, tout un chacun s'accorde à reconnaître que la population guadeloupéenne n'a pas jusqu'à présent fait le deuil de ces évènements. Après une cinquantaine d'années, ceux-ci n'ont fait l'objet d'aucune table ronde, certes par ceux qui devraient être intéressés au premier chef, et sur les mobiles qui ont conduit à perpétrer ce massacre de la place de la Victoire. Pire encore, à ce jour, nul ne peut affirmer exactement combien de morts et de blessés on a pu dénombrer.

Est-ce que cela doit rester éternellement dans le mystère, ce serait une très bonne question à se poser ? On dirait même que cette histoire nous est passée au travers de la gorge, comme s'il s'agissait d'évènements peu importants. A contrario, lorsque l'on examine l'histoire de la colonisation quelle qu'ait pu être son lieu d'implantation, dans l'Afrique du Nord, en Asie du Sud-Est, ce sont les mêmes modes opératoires auxquels on avait procédé et qui n'avaient somme toute aucune recherche fondamentale.

Tout ceci pour dire que nous sommes encore dans cette histoire, *dixit* Édouard Glissant et qu'au même titre que d'autres civilisations, nous serons un jour à porter une contribution à cette notion de l'Universalisme.

Fin

ELÉMENTS POUR UNE CONCLUSION

Lorsque je me suis penché sur l'œuvre d'Aimé Césaire, il y a de cela quelques années, l'un des textes que je considérais alors comme fondamental fut *Grand Sang Sans Merci,* présenté par Lylyan Kestelloot[11], aux Éditions Seghers. La plupart de ces textes poétiques relevaient à mon humble avis d'une grande densité littéraire. Mais, il restait à comprendre la configuration des terres antillaises, puisque forcément nous revenons sur ces liens indubitables qui nous lient à l'Histoire. Tenter de comprendre la sociologie antillaise depuis la période qui a précédé celle de l'assimilation... c'est-à-dire celle de la période post-esclavagiste constitue encore aujourd'hui l'une des bases qui doit faire de nous des peuplements distincts. Autrement dit, Césaire a été un des maillons qui nous restitue à nous-mêmes. La dimension de cette œuvre, que manifestement, nous, populations des Antilles avons des difficultés à nous approprier des tendances littéraires. Elles doivent pouvoir s'inscrire dans un cadre évidemment pédagogique. De telle sorte que les générations qui nous succèdent puissent s'imprégner du bien-fondé des écrits de cet écrivain et poète martiniquais. Il faut comme je le disais revenir aux fondamentaux, revenir à ces espace-temps, *dixit* Édouard Glissant, revenir sur les particularités de notre espace géographique et scientifique. Ce qui signifie que l'acte poétique est régi en fonction de situations, de données, ou encore par notre observation objective, au sein du milieu

---

[11] Essayiste : Anthologie de la littérature négro-africaine

dans lequel nous nous trouvons. Très souvent aussi, le poète qui possède la capacité de multiplier « ces modes d'investigations », ceux de la géographie, ceux du comportement des végétaux et animaux, tout comme celui des humains, sont d'une grande source d'enseignement pour ce que l'on pouvait faire paraître. Lorsque l'on observe par exemple la poésie de Sonny Rupaire[12], dont on vient de commémorer les vingt ans de sa disparition, on constate son implication dans le sens réel du pays Guadeloupe. Or, j'étais étonné de constater l'absence d'une littérature liée à notre situation objective. L'antagonisme qui prévalait entre la poésie de Sonny Rupaire et celle des textes d'auteurs occidentaux résultaient dans une forme de démarcation, si l'on venait à faire intervenir les caractéristiques liées à l'histoire et à la spécialité propre à chaque culture. C'est ici qu'intervient l'appréciation de Michel Leiris au cours de son passage aux Antilles, c'est-à-dire dans laquelle il soulevait des contradictions de type sommaire.

Ces formes de perturbations se traduisent de nos jours, par de fréquents mouvements sociaux, dont le dernier est celui des quarante- quatre jours, initié par le L.K.P.[13] De manière significative, lorsque Michel Leiris entreprenait au cours des années cinquante son voyage d'étude aux Antilles, ce dernier était fortement étonné du contraste qu'il avait pu observer et surtout, disait-il, de l'immense potentialité que présentaient les terres antillaises. Au contraire, ce à quoi on a pu assister, c'est

---

[12] Cette igname brisée qu'est ma terre natale.
[13] Lyannaj Kont Pwofitasyon

une accélération de notre assimilation avec l'extérieur, de notre incapacité à poser de nouvelles bases pour nos sociétés.

EPILOGUE

Au terme de cet essai que j'avais pressenti de publier depuis de nombreuses années sur l'œuvre de Césaire, je crois que je suis parvenu à mes fins. En fait, comme je le disais en préambule, ce fut au C.E.L.M.A. (Centre d'Études Littéraire Maghrébines et Antillaises) de l'université de Bordeaux-ID que durant cette période, je me suis intéressé fortement à cette œuvre que je considérais encore méconnue des populations antillaises. C'est vrai que pour une bonne part, on a souvent répété que le style poétique de Césaire fut très hermétique, voir même incompréhensible. Je voudrais dire aujourd'hui et suite à sa récente disparition, qu'il fut pour beaucoup de générations d'intellectuels une référence. Je pense en particulier à ceux de l'Afrique noire qui ont à travers l'énoncé du discours sur le colonialisme eu une autre approche sur l'avenir du continent africain. Nous devons donc considérer que nous sommes toujours dans des phases cycliques, autrement dit comme l'on dit singulièrement en athlétisme, de passer le « témoin ». Il ne nous faut pas douter un instant de la capacité des littératures négro-africaines ou antillaises de connaître un nouvel essor. L'évolution de ces peuples éloignés, selon cette expression de Claude Lévi-Strauss, trouve toujours un certain écho, dans la mesure où nous n'avons toujours eu, au cours de notre histoire, qu'à posséder des « habits d'emprunts ». Nous avons déjà dans ce domaine, essayiste et écrivain d'aujourd'hui, parcouru un chemin que l'on peut qualifier de sinueux.

Comme le disait Sartre, préfaçant ainsi l'*Anthologie de la nouvelle poésie nègre et malgache de langue française,* une croisade littéraire d'un nouveau genre. Ce qui signifie que les peuples se découvrent dans toute leur humanité, selon les expressions très clairvoyantes d'Édouard Glissant, et qui nous avait largement inspiré sur ce point. C'est-à-dire qu'a posteriori, aucune investigation qui se disait savante, on prétendait de lui faire du replâtrage sans fin. Il s'agirait alors de peuplement dont on pourrait considérer a priori, dans son histoire, dans son évolution, et dans le temps.

Sainte-Anne
21 mars 2011

Éric LAMIE.

TABLE DES MATIÈRES

AVERTISSEMENT .... Page 07

LITTERATURE ET ETHNOLOGE .... Page 20

SECONDE PARTIE

UNE APPROCHE EXPLICATIVE D'UN TEXTE

D'AIME CESAIRE : GRAND SANG SANS MERCI ... Page 33

ELEMENTS POUR UNE CONCLUSION .... Page 44

EPILOGUE .... Page 48